Impressum

Bestellnummer: ED 23275
ISBN: 978-3-7957-1965-4

Illustrationen: Alexa Riemann
Satz: Engler Schödel Atelier für Gestaltung
Redaktion: Monika Heinrich

www.schott-music.com
© 2019 Schott Music GmbH & Co. KG, Mainz
Printed in Germany • BSS 59731

Wir entdecken
Beethoven

Spannende Geschichten und viel Musik

erzählt von Anna Schieren

mit Bildern von Alexa Riemann

www.schott-music.com

Mainz · London · Madrid · Paris · New York · Tokyo · Beijing
© 2019 Schott Music GmbH & Co. KG, Mainz · Printed in Germany

Wer war eigentlich Beethoven? In welcher Zeit lebte er? Welche Musik schrieb er? Mit wem war er befreundet? In diesem Buch wirst du Beethoven von ganz unterschiedlichen Seiten kennenlernen – als berühmten Komponisten und als ganz besonderen Menschen.

Ludwig van Beethoven wird im Dezember des Jahres 1770 in Bonn geboren – einer kleinen Residenzstadt mit ungefähr 10.000 Einwohnern. Wie es damals üblich ist, kommt der kleine Ludwig zu Hause zur Welt. Das Geburtshaus liegt in der Bonngasse und ist heute ein Beethoven-Museum.

Neben seiner Geburtsstadt Bonn spielt in Beethovens Leben noch eine große Musikstadt eine wichtige Rolle: Wien. Hier lebt und wirkt er über dreißig Jahre als Musiker und Komponist.

Der Name „Beethoven" kommt übrigens aus dem Belgischen und bedeutet „vom Rübenhof", denn die Vorfahren Ludwigs waren vermutlich Bauern.

Die frühen Jahre

Ludwigs musikalische Ausbildung beginnt im Alter von vier Jahren. Der Vater ist sehr streng. Er unterrichtet den kleinen Ludwig am Cembalo und möchte aus seinem hochbegabten Sohn ein Wunderkind wie Wolfgang Amadeus Mozart machen. Schon als Siebenjähriger gibt Ludwig sein erstes öffentliches Konzert vor großem Publikum in Köln. Ludwig erhält aber nicht nur Cembalounterricht. Er spielt auch Bratsche, Geige, Klavier und Orgel.

Schon mit elf
Jahren darf Ludwig
in der kurfürstlichen
Kapelle in Bonn seinen
Lehrer Christian Gottlob
Neefe bei der Messe an der
Orgel vertreten. Und als Dreizehn-
jähriger verdient er bereits sein erstes
eigenes Geld: als Organist in der Kirche
und als Musiker in der Hofkapelle.

> Ludwigs Lehrer Christian Gottlob Neefe ist stolz auf seinen Schüler und schreibt: „Er würde gewiss ein zweiter Wolfgang Amadeus Mozart werden, wenn er so fortschritte, wie er angefangen."

Zeit für regelmäßige Schulbesuche bleibt da kaum. Ludwig eignet sich viel Wissen durch Lesen an, aber Rechnen fällt ihm zeit seines Lebens schwer.

Der fünfzehnjährige Ludwig hat schon einen eigenen Kreis von Schülern, die er unterrichtet. Bei der sehr gebildeten und wohlhabenden Familie von Breuning gibt er Klavierunterricht. Hier fühlt er sich sehr wohl. Die Kinder Eleonore, Christoph, Stephan und Lorenz werden seine besten Freunde und Ludwig ist fast so etwas wie ein Familienmitglied. Besonders eng befreundet ist Ludwig mit Stephan von Breuning. Die Freundschaft der beiden hält ein Leben lang.

Erster Verdienst

2

Im Dezember 1786 bricht Beethoven nach Wien auf, um bei Wolfgang Amadeus Mozart Kompositionsunterricht zu nehmen. Reisen ist damals sehr beschwerlich. Mit der Postkutsche geht es auf holprigen Wegen nur langsam vorwärts und häufig gibt es Pannen. Nach langer Fahrt kommt er endlich in der österreichischen Hauptstadt an.

Beethoven ist erst einige Wochen in Wien, da wird er vom Vater wieder nach Bonn zurückgerufen, weil seine Mutter sehr krank ist. So kommt es vermutlich nur zu einem kurzen Zusammentreffen von Mozart und Beethoven. „Auf den gebt Acht, der wird einmal in der Welt von sich reden machen!", soll Mozart damals über Beethoven gesagt haben.

Die Mutter stirbt kurze Zeit später. Nach ihrem Tod übernimmt der siebzehnjährige Beethoven die Rolle des Familienoberhauptes und sorgt für seine beiden jüngeren Brüder.

Sechs Jahre später reist Beethoven ein zweites Mal nach Wien, um Unterricht bei dem Komponisten Joseph Haydn zu nehmen. Die beiden verstehen sich jedoch nicht besonders gut.

Beethoven bleibt nun für immer in Wien und findet zunehmend Anerkennung – als Pianist und als Komponist.

> Joseph Haydn, Wolfgang Amadeus Mozart und Ludwig van Beethoven leben und wirken alle drei in Wien. Man spricht deshalb von den drei großen „Wiener Klassikern" und nennt diese Zeit auch „Wiener Klassik". Es ist die Zeitspanne von etwa 1770 bis 1830.

Reisen und Umzug nach Wien

Möchtest du wissen, wie Beethovens Tagesablauf aussieht? Sein Sekretär berichtet, dass Beethoven in jeder Jahreszeit mit Tagesanbruch aufstand, um sogleich an den Schreibtisch zu gehen: „So arbeitete er bis 2, 3 Uhr, die Stunde seines Mittagstisches. In der Zwischenzeit lief er meist ein- oder zweimal ins Freie, wo er ‚spazierend arbeitete' … Die Nachmittage waren zu regelmäßigen Spaziergängen bestimmt. Zu späterer Stunde pflegte man ein bevorzugtes Bierhaus aufzusuchen, um die Tagesliteratur zur Hand zu nehmen …"

Beethoven schreibt über seine Kompositionsarbeit: „Ich verändere manches, verwerfe und versuche aufs neue so lange, bis ich damit zufrieden bin. Dann aber beginnt in meinem Kopfe die Verarbeitung, in die Breite, in die Enge, Höhe und Tiefe. Und da ich mir bewusst bin, was ich will, so verlässt mich die Idee niemals."

Vielleicht stellst du dir vor, dass Beethoven seine musikalischen Einfälle ganz rasch zu Papier bringt? Aber nein, so einfach ist das nicht! Für ihn ist Komponieren durchaus anstrengend und mühsam. Immer wieder streicht er durch, verbessert oder beginnt ganz von vorn …

Schon in jungen Jahren – Beethoven ist erst Mitte zwanzig – beginnt sein Gehörleiden, das später zu völliger Taubheit führt. In Beethovens Ohren rauscht und saust es. Besonders hohe Töne kann er immer schlechter hören. Er eilt von Arzt zu Arzt, doch niemand kann ihn heilen.

Der Erfinder Johann Nepomuk Mälzel konstruiert für Beethoven verschiedene Hörrohre mit breiten Trichtern, die den Schall sammeln und verstärken sollen. Leider helfen sie Beethoven nicht viel.

> Die Zahlen auf dem Metronom geben die Schläge pro Minute an. Stellst du das Metronom auf 60, bedeutet dies, dass das Metronom 60 Mal in der Minute schlägt – also genau einmal pro Sekunde. Bei 120 schlägt das Metronom genau doppelt so schnell – also zweimal pro Sekunde.

Johann Nepomuk Mälzel baut nicht nur Hörrohre, sondern entwickelt damals auch ein Gerät, mit dem es möglich ist, für ein Musikstück das Tempo ganz genau festzulegen: das Metronom. Ein Pendel schlägt – je nach Einstellung – schneller oder langsamer hin und her: Tick, tick, tick, tick ... Beethoven ist von dieser Erfindung begeistert, denn jetzt kann er exakt angeben, in welchem Tempo seine Stücke gespielt werden sollen.

Taube Ohren, Höhrrohre und das Metronom

Beethoven komponiert gerne für großes Orchester – aber auch für kleine Besetzungen: zum Beispiel Streichquartette oder Sonaten für Violine und Klavier.

Das Klavier ist zeit seines Lebens sein Lieblingsinstrument. Beethoven ist ein sehr guter Pianist und gibt viele Konzerte, solange es sein Gehör erlaubt. Für Klavier schreibt er fünf Konzerte – für Violine hingegen nur ein einziges!

Von seinen 32 Klaviersonaten tragen einige einen Namen, zum Beispiel „Pathétique", „Mondscheinsonate", „Waldsteinsonate" oder „Appassionata".

Beethovens Gehörleiden wird immer schlimmer. Er kann Unterhaltungen kaum noch folgen und Musik klingt in seinen Ohren immer dumpfer. Oft ist er deshalb traurig, launisch und mürrisch. Verzweifelt verfasst er einen Brief an seine Brüder, in dem er sich seinen Kummer von der Seele schreibt. Dieses berühmte Dokument wird „Heiligenstädter Testament" genannt.

Obwohl es Beethoven nicht gut geht, komponiert er immer wieder auch heitere Musik. Er schreibt lustige Kanons für seine Freunde und auch Briefe mit viel Humor.

Ein Ausschnitt aus dem „Heiligenstädter Testament" lautet so: „O ihr Menschen, die ihr mich für feindselig, störrisch … haltet. Wie unrecht tut ihr mir, ihr wisst nicht die geheime Ursache von dem … Sprecht lauter, schreit, denn ich bin taub."

Schaffensdrang und ein Testament

1789 bricht in Paris die Französische Revolution aus. Mit ihr endet die Herrschaft des französischen Königs. Der Leitspruch der Revolution lautet „Freiheit, Gleichheit, Brüderlichkeit". Er begeistert auch Beethoven. So ist es nicht verwunderlich, dass das Thema seiner einzigen Oper die Freiheit ist. In ihrer ersten Fassung heißt die Oper „Leonore". Später nimmt Beethoven viele Änderungen vor. Unter dem neuen Namen „Fidelio" wird die Oper ein großer Erfolg.

Auch Beethovens 3. Sinfonie entsteht unter dem Eindruck der Französischen Revolution. Das Werk trägt den Beinamen „Eroica", also „Heroische Sinfonie" oder „Heldensinfonie". Beethoven widmet sie zunächst Napoleon. Als er aber erfährt, dass Napoleon sich selbst zum Kaiser der Franzosen gekrönt hat, ist Beethoven erbost und zerreißt das Widmungsblatt.

„Ta ta ta taaa" – zu Beethovens berühmtesten Werken gehört seine 5. Sinfonie, die mit diesem Motiv beginnt. Beethoven soll über die vier markanten Töne gesagt haben: „So pocht das Schicksal an die Pforte".

Beethoven liebt die Natur und macht gerne lange Spaziergänge. Im Freien bekommt er viele Anregungen für seine Musik. Seine 6. Sinfonie nennt er „Pastoral-Sinfonie" oder „Erinnerungen an das Landleben". Einige Naturklänge hat er in diesem Werk mit musikalischen Mitteln nachgeahmt, zum Beispiel das Plätschern eines Baches, die Vogelrufe von Wachtel, Nachtigall und Kuckuck und sogar ein Gewitter. Den Donner stellt Beethoven mit einem mächtigen Paukenwirbel dar.

> Über seine enge Naturverbundenheit schreibt Beethoven an eine Freundin: „Kein Mensch kann das Land so lieben wie ich. Geben doch Wälder, Bäume, Felsen den Widerhall, den der Mensch wünscht!"

Eine Oper und viele Sinfonien

Jetzt hast du schon einiges über den Komponisten Beethoven erfahren. Aber wie kannst du dir den Menschen Beethoven vorstellen? Was isst er gerne? Wie kleidet er sich?

Über sein Aussehen geben Gemälde Auskunft, denn bedeutende Persönlichkeiten wie Beethoven werden in der damaligen Zeit, in der es noch keine Kameras gibt, häufig gemalt. Das berühmteste Beethoven-Gemälde zeigt ihn im Alter von fast 50 Jahren – mit wirren Haaren und einem roten Halstuch. In der Hand hält er ein Notenblatt: eine große Messkomposition, die „Missa solemnis". Das Gemälde entsteht unter hohem Zeitdruck, da der ungeduldige Meister nur zu drei Sitzungen im Atelier des Malers Joseph Karl Stieler bereit ist.

Seinem Hauspersonal gegenüber ist Beethoven sehr misstrauisch. Oft nennt er es „Lumpengesindel" und wirft es kurzerhand aus dem Haus.

Auf gute Kleidung legt Beethoven keinen großen Wert. Häufig sind seine Kleider abgewetzt und haben sogar Löcher. Meist trägt er einen blauen Frack mit gelben Messingknöpfen, eine grüne Hose, Seidenstrümpfe, ein helles Tuch und eine Art Zylinder auf dem Kopf.

Beethoven liebt gutes Essen. Seine Leibgerichte sind Makkaroni mit Parmesankäse, Fischspeisen und Kalbfleischbraten. Oft jedoch ist das Essen verkocht, wenn Beethoven über seinen musikalischen Einfällen die Zeit vergisst und viel zu spät zu Tisch erscheint. Kein Wunder, dass das Verhältnis zu seinen Haushälterinnen meist sehr schlecht ist.

Von schlechter Kleidung und gutem Essen

An Fastentagen isst Beethoven meist Brotsuppe – mit Schwarzbrot. Hierfür müssen ihm auf einem Teller zehn Eier serviert werden, die er sorgfältig auf Frische prüft, bevor er sie aufschlägt und in die Suppe rührt. Wenn sie nicht gut riechen, kann es passieren, dass die Eier an die Wand oder aus dem Fenster fliegen!

Beethovens eigene Kochkünste sind sehr bescheiden. Ein Freund berichtet von einem Abendessen mit Beethoven als Koch: „Das Rindfleisch war kaum zur Hälfte gargekocht …, das Gemüse schwamm gemeinschaftlich im Wasser und Fett und der Braten schien im Schornstein geräuchert. Die Gäste vermochten kaum notdürftig einige Brocken herabzuwürgen, beteuerten, bereits übersatt zu sein, und hielten sich an gesundes Brot, frisches Obst, süßes Backwerk und unverfälschten Rebensaft."

Beethovens bevorzugtes Heißgetränk ist Kaffee. Er hat eine ganz genaue Vorstellung von der Zubereitung: Pro Tasse müssen exakt 60 Kaffeebohnen frisch gemahlen werden. In Wien gibt es damals viele Kaffeehäuser, die Beethoven auch gerne besucht, zum Beispiel das Café in der Himmelpfortgasse mit der Hausnummer 6.

Beethoven weiß sehr wohl, dass er besser komponieren als kochen kann. Dennoch gibt er sich selbst den Spitznamen „Mehlschöberl". Mehlschöberl ist eigentlich eine köstliche Suppeneinlage – ein Klassiker der österreichischen Küche.

Kochkünste und Kaffeezubereitung

Beethoven heiratet nie, ist aber wohl sehr häufig verliebt. Nach seinem Tod findet man einen wunderschönen Liebesbrief von ihm, der mit den Worten beginnt: „Mein Engel, mein alles, mein Ich." Welche Dame Beethoven damit gemeint hat, ist bis heute sein Geheimnis. Später komponiert Beethoven einen Liederzyklus mit dem Titel „An die ferne Geliebte".

Eigene Kinder hat Beethoven nicht. Als aber sein jüngerer Bruder stirbt, holt Beethoven dessen neunjährigen Sohn Karl zu sich und übernimmt für ihn die Vaterrolle. Er möchte aus dem Jungen einen Musiker machen und erzieht ihn sehr streng. Richtig gut vertragen haben sich die beiden allerdings nie.

> Beethovens berühmter Liebesbrief schließt mit den blumigen Worten: „Ewig dein, ewig mein, ewig uns!"

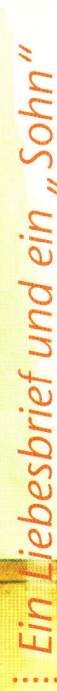

Ein Liebesbrief und ein „Sohn"

Beethoven ist ein freischaffender Künstler – ohne eine feste Anstellung. Wie, denkst du, verdient er seinen Lebensunterhalt? Er gibt Konzerte, erhält Honorare für Werke, die gedruckt werden, und er unterrichtet Instrumentalschüler. Von wohlhabenden Persönlichkeiten, denen er seine Werke widmet, bekommt er ebenfalls bisweilen Geld.

Oft tragen Beethovens Kompositionen aber auch Widmungen für geschätzte Freundinnen oder Freunde. Beethovens populärstes Klavierstück ist einer Frau gewidmet. Es ist das Albumblatt „Für Elise".

Beethoven plagen immer wieder so heftige Geldsorgen, dass er oftmals die Miete für seine Wohnung nicht bezahlen kann. Einige Adlige – Erzherzog Rudolph, Fürst Lobkowitz und Fürst Kinsky – unterstützen den inzwischen knapp vierzigjährigen Meister mit einem jährlichen Gehalt in Höhe von 4000 Gulden. Diese „Rente" ist nur an eine einzige Bedingung geknüpft: Beethoven soll als Komponist und Musiker weiterhin in Wien tätig sein und sich ganz seinem künstlerischen Schaffen widmen!

> Eine Beethoven-Wortspielerei:
> „Alle meine Noten bringen mich nicht aus den Nöten und ich schreibe Noten überhaupt nur aus Nöten."

Das liebe Geld

Beethoven gilt als „unruhiger Geist", der in seinem Leben über 70 Mal umzieht – und immer muss sein Klavier mit. Gründe für seine Umzüge gibt es viele: Entweder fühlt sich Beethoven von den Nachbarn gestört oder ihm wird vom Vermieter wegen „geräuschvollen Benehmens" gekündigt, da er zu allen Tages- und Nachtzeiten am Klavier komponiert.

Außerdem hat Beethoven die Angewohnheit, seinen erhitzten Körper nach stundenlangem Komponieren mit einem Eimer Wasser abzukühlen. Im Zimmer bilden sich dann große Lachen. Da überrascht es nicht, dass sich der unter ihm wohnende Mieter über große feuchte Flecken an der Decke beschwert!

Hast du eine Idee davon, wie Beethovens Komponierzimmer aussieht? Schön aufgeräumt und sauber? – Nein, bei Beethoven zu Hause ist es oft sehr chaotisch. Es herrscht große Unordnung. Notenblätter, Geld und Kleidung liegen auf dem Fußboden, auf dem Bett türmt sich ein Haufen Wäsche und auf dem Tisch steht zerbrochenes Kaffeegeschirr. Der Flügel ist mit einer dicken Staubschicht bedeckt …

Sein Schüler Carl Czerny beschreibt den Blick in Beethovens Arbeitszimmer so: „Ein sehr wüst aussehendes Zimmer, überall Papier und Kleidungsstücke verstreut, einige Koffer, kahle Wände, kaum ein Stuhl, ausgenommen der wackelnde beim Fortepiano (Klavier)."

Umzüge und kreatives Chaos

12

Da Beethovens Schwerhörigkeit schnell zunimmt, können sich seine Freunde bald nur noch schriftlich mit ihm unterhalten. Ein kleines Heft und einen dicken Stift trägt Beethoven stets bei sich. – Nach seinem Tod geben die Aufzeichnungen in den sogenannten „Konversationsheften" sehr viel Auskunft über das Leben und die Persönlichkeit Beethovens.

Kannst du dir vorstellen, gar nichts zu hören und dennoch eine Melodie zu erfinden? Als Beethoven seine 9. und letzte Sinfonie für ein großes Orchester komponiert, ist er schon vollkommen taub! Seine Musik kann er nur noch in seinem „inneren Ohr" hören.

Bei der Uraufführung der 9. Sinfonie im Jahr 1824 muss Beethoven, als der letzte Ton verklungen ist, zum Publikum gedreht werden, um den tosenden Beifall der begeisterten Zuhörer wenigstens sehen zu können – er kann keinen einzigen Laut mehr hören.

Im Schlusssatz der Sinfonie gibt es übrigens eine Besonderheit: Ein Chor tritt auf und singt die „Ode an die Freude" nach einem Gedicht von Friedrich Schiller.

Die 9. Sinfonie widmet Beethoven dem preußischen König. Der König schickt ihm als Dank einen Ring, den Beethoven sofort verkaufen will. Ein Freund schreibt ihm daraufhin: „Das ist doch das Geschenk eines Königs!" – „Pah!", antwortet Beethoven. „Ich bin auch ein König."

Die 9. Sinfonie

Der letzte Verlag, mit dem Beethoven zusammenarbeitet, ist der Schott-Verlag in Mainz. Hier wird sein bedeutendes Spätwerk, zum Beispiel die 9. Sinfonie, gedruckt. Da Beethoven – in Erinnerung an seine Heimat – gern ein Gläschen Rheinwein trinkt, schickt ihm sein Verleger Bernhard Schott einige Flaschen nach Wien. Wie Beethovens Sekretär Anton Schindler berichtet, trifft die Sendung ein, als Beethoven schon auf dem Sterbebett liegt. Beethovens allerletzte Worte mit Blick auf die Weinflaschen: „Schade, schade, zu spät!"

Am Nachmittag des 26. März 1827 wütet ein Gewitter über Wien. Beethoven stirbt. Er ist 56 Jahre alt.

Wie berühmt Beethoven ist, zeigt sich auf seiner Beerdigung: Seinem Sarg folgen 36 Fackelträger und 20.000 Trauergäste, darunter viele Adlige, Künstler und Musiker. Die Kinder in ganz Wien bekommen an diesem Tag schulfrei.

Beethoven ist einer der berühmtesten Komponisten aller Zeiten. Kein klassisches Werk wird häufiger gespielt als seine 9. Sinfonie.

Und wie kommt es, dass der Schlusssatz mit der Ode „An die Freude" nicht nur Beethoven-Fans bekannt ist? Die Instrumentalfassung dieses Stückes ist heute das „akustische Erkennungszeichen" für den Zusammenschluss der europäischen Staaten. Es ist die Europahymne!

> In der Trauerrede auf Beethoven heißt es: „Ein Künstler war er, aber auch ein Mensch, ein Mensch in jedem, im höchsten Sinn. Bis an sein Grab bewahrte er ein menschliches Herz allen Menschen."

Beethoven – auch heute unvergessen

14

Beethoven in Zahlen

- Der kleine Ludwig wird im Dezember **1770** geboren.
- Ludwig wächst mit **2** Geschwistern auf: Kaspar Karl und Nikolaus Johann.
- Mit **4** Jahren erhält er bereits Klavierunterricht von seinem Vater.
- Sein erstes öffentliches Konzert als Pianist gibt Ludwig mit **7** Jahren.
- Seine ersten Werke werden gedruckt, als er **12** Jahre jung ist.
- Als **13**-Jähriger verdient er schon sein eigenes Geld als Organist.
- Als seine Mutter stirbt, ist Ludwig erst **17** Jahre alt.
- Seine Körpergröße? Etwa **1,60** m.
- Mit **22** Jahren siedelt Beethoven von Bonn nach Wien über.
- Schon mit **28** Jahren beginnt sein Gehörleiden.
- Im Jahr **1802** verfasst Beethoven im Wiener Vorort Heiligenstadt das „Heiligenstädter Testament", in dem er seine ganze Verzweiflung über die Schwerhörigkeit zum Ausdruck bringt.
- Mit **47** Jahren ist er fast taub. Er kann sich nur noch schriftlich – mit Konversationsheften – unterhalten.
- Ständig ist Beethoven auf Wohnungssuche: In seinem ganzen Leben zieht er ungefähr **70** Mal um.
- Von einem Kreis von Adligen erhält er jährlich **4000** Gulden als eine Art Rente, damit er sich ganz dem Komponieren widmen kann.
- **2000** Briefe Beethovens sind erhalten – geschrieben an Verleger, Musiker und Freunde.
- Beethovens längste Komposition? Seine einzige Oper „Fidelio" – mit einer Spieldauer von ca. **2,5** Stunden.
- Beethoven schreibt – unter anderem – **1** Violinkonzert und **1** Oper, **5** Klavierkonzerte, **9** Sinfonien, **16** Streichquartette und **32** Klaviersonaten.
- Insgesamt komponiert er ca. **700** Stücke.
- Würde man seine Werke alle hintereinander aufführen, ergäbe das eine Spieldauer von ungefähr **6000** Minuten.
- **20.000** Trauergäste begleiten Beethovens Sarg zum Friedhof.
- Beethoven wird **56** Jahre alt.

Inhalt der CD

1 Die frühen Jahre

L. v. Beethoven: Sonate für Violine und Klavier Nr. 5, F-Dur, op. 24, *Frühlingssonate*, I. Allegro
David Oistrach, Lev N. Oborin

J. Haydn: Sonate für Klavier, G-Dur, Hob. XVI: 27
Karin Germer, ℗ Schott Music

2 Erster Verdienst

J. S. Bach: Toccata in d-Moll, BWV 565
Helmut Walcha

3 Reisen und Umzug nach Wien

W. A. Mozart: Konzert für Klavier und Orchester Nr. 23, A-Dur, KV 488
Wiener Philharmoniker, Paul Sacher, Clara Haskil

J. Haydn: Streichquartett C-Dur, op. 76, Nr. 3, II. Poco Adagio – Cantabile, *Kaiserquartett*
Koeckert-Quartett

4 Ein Tag bei Beethoven

L. v. Beethoven: Streichquartett Nr. 4, op. 18, IV. Allegro
Amadeus-Quartett

5 Taube Ohren, Hörrohre und das Metronom

6 Schaffensdrang und ein Testament

L. v. Beethoven: Sonate für Violine und Klavier Nr. 5, F-Dur, op. 24, *Frühlingssonate*, I. Allegro
David Oistrach, Lev N. Oborin

L. v. Beethoven: Konzert für Violine, D-Dur, op. 61, I. Allegro ma non troppo
Yehudi Menuhin, London Symphony Orchestra, Sir Colin Davis

L. v. Beethoven: Klaviersonate Nr. 14, cis-Moll, op. 27, Nr. 2, *Mondscheinsonate*, I. Adagio sostenuto
Artur Rubinstein

L. v. Beethoven: Rondo a capriccio, G-Dur, op. 129, *Die Wut über den verlorenen Groschen*
Sir Clifford Curzon

7 Eine Oper und viele Sinfonien

L. v. Beethoven: Ouvertüre aus *Fidelio*, op. 72
Orchester der Bayerischen Staatsoper, Hans Knappertsbusch

L. v. Beethoven: Sinfonie Nr. 3, Es-Dur, op. 55 *Eroica*, I. Allegro con brio
Boston Symphony Orchestra, Charles Munch

L. v. Beethoven: Sinfonie Nr. 5, c-Moll, *Schicksalssinfonie*, I. Allegro con brio
Berliner Philharmoniker, Herbert von Karajan

L. v. Beethoven: Sinfonie Nr. 6, F-Dur, op. 68, *Pastorale*, IV. Allegro – Gewitter, Sturm
Berliner Philharmoniker, Herbert von Karajan

8 Von schlechter Kleidung und gutem Essen

L. v. Beethoven: Missa solemnis, D-Dur, op. 123, Kyrie
Wiener Symphoniker, Wiener Akademie Kammerchor, Otto Klemperer

 9 Kochkünste und Kaffeezubereitung

 10 Ein Liebesbrief und ein „Sohn"

L. v. Beethoven: *An die ferne Geliebte,* op. 98, I. Auf dem Hügel sitz ich spähend
Dietrich Fischer-Dieskau, Gerald Moore

 11 Das liebe Geld

L. v. Beethoven: Bagatelle a-Moll, *Für Elise*
Karin Germer, ℗ Schott Music

L. v. Beethoven: Klaviertrio Nr. 7, B-Dur, op. 97, *Erzherzog-Trio*, IV. Presto
Leonid Kogan, Mstislav Rostropovich, Emil Gilels

 12 Umzüge und kreatives Chaos

 13 Die 9. Sinfonie

L. v. Beethoven: Sinfonie Nr. 9, d-Moll, op. 125, I. Allegro ma non troppo, un poco maestoso
Berliner Philharmoniker, Herbert von Karajan

L. v. Beethoven: *Ode an die Freude,* aus Sinfonie Nr. 9, d-Moll, op. 125, IV. Presto
Philharmonia Orchestra, Herbert von Karajan

 14 Beethoven – auch heute unvergessen

L. v. Beethoven: Sinfonie Nr. 9, d-Moll, op. 125, IV. Presto
Philharmonia Orchestra, Herbert von Karajan

Sounds: Audio Library

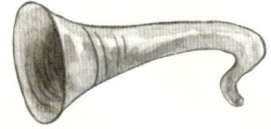